信访工作条例学习百问百答

中国法制出版社

目　录

第一章　总　　则

第二章　信访工作体制

第三章 信访事项的提出和受理

第四章　信访事项的办理

第五章　监督和追责

第六章　附　　则

第一章 总 则

1.《信访工作条例》的出台具有怎样的重要意义？

2022年2月25日，中共中央、国务院印发《信访工作条例》，自2022年5月1日起施行。信访工作是党的群众工作的重要组成部分，是了解社情民意的重要窗口。该条例以习近平新时代中国特色社会主义思想为指导，深入贯彻习近平总书记关于加强和改进人民信访工作的重要思想，总结党长期以来领导和开展信访工作经验特别是党的十八大以来信访工作制度改革成果，坚持和加强党对信访工作的全面领导，理顺信访工作体制机制，是新时代信访工作的基本遵循。

2. 如何学习贯彻《信访工作条例》?

2022年2月25日,《中共中央、国务院关于印发〈信访工作条例〉的通知》指出,各地区各部门要把握新时代信访工作原则和要求,践行以人民为中心的发展思想,完善信访工作责任体系,把党中央关于信访工作的方针政策和决策部署落到实处。要做好《信访工作条例》实施和国务院《信访条例》按法定程序废止前的相关工作衔接,确保顺畅平稳过渡。要做好《信访工作条例》的学习培训、宣传解读和落实情况的督促检查,在全社会营造办事依法、遇事找法、解决问题用法、化解矛盾靠法的良好环境。信访工作联席会议、信访部门要牢记职责使命,坚持人民至上,强化问题导向,主动担当作为,不断提高工作能力和水平。各地区各部门在执行《信访工作条例》中的重要情况和建议,要及时报告党中央、国务院。

3. 《信访工作条例》的制定目的是什么？

《信访工作条例》第一条规定，为了坚持和加强党对信访工作的全面领导，做好新时代信访工作，保持党和政府同人民群众的密切联系，制定本条例。

4. 《信访工作条例》的适用范围是什么？

《信访工作条例》第二条规定，本条例适用于各级党的机关、人大机关、行政机关、政协机关、监察机关、审判机关、检察机关以及群团组织、国有企事业单位等开展信访工作。

5. 什么是信访工作？其具有怎样的重要意义？

《信访工作条例》第三条规定，信访工作是党的群众工作的重要组成部分，是党和政府了解民情、集中民智、维护民利、凝聚民心的一项重要工作，是各级机关、单位及其领导干部、工作人员接受群众监督、改进工作作风的重要途径。

6. 信访工作的指导思想是什么？

《信访工作条例》第四条规定，信访工作坚持以马克思列宁主义、毛泽东思想、邓小平理论、“三个代表”重要思想、科学发展观、习近平新时代中国特色社会主义思想为指导，贯彻落实习近平总书记关于加强和改进人民信访工作的重要思想，增强“四个意识”、坚定“四个自信”、做到“两个维护”，牢记为民解难、为党分忧的政治责任，坚守人民情怀，坚持底线思维、法治思维，服务党和国家工作大局，维护群众合法权益，化解信访突出问题，促进社会和谐稳定。

7. 信访工作应当遵循哪些原则？

《信访工作条例》第五条规定，信访工作应当遵循下列原则：（1）坚持党的全面领导。

把党的领导贯彻到信访工作各方面和全过程，确保正确政治方向。（2）坚持以人民为中心。践行党的群众路线，倾听群众呼声，关心群众疾苦，千方百计为群众排忧解难。（3）坚持落实信访工作责任。党政同责、一岗双责，属地管理、分级负责，谁主管、谁负责。（4）坚持依法按政策解决问题。将信访纳入法治化轨道，依法维护群众权益、规范信访秩序。（5）坚持源头治理化解矛盾。多措并举、综合施策，着力点放在源头预防和前端化解，把可能引发信访问题的矛盾纠纷化解在基层、化解在萌芽状态。

8. 各级机关、单位应当如何做好信访工作？

《信访工作条例》第六条规定，各级机关、单位应当畅通信访渠道，做好信访工作，认真处理信访事项，倾听人民群众建议、意见和要求，接受人民群众监督，为人民群众服务。

9. 如何从源头上预防和减少信访问题发生？

2014年，中共中央办公厅、国务院办公厅印发的《关于创新群众工作方法解决信访突出问题的意见》指出，从源头上预防和减少信访问题发生，应当做到以下几点：

（1）加大保障和改善民生力度。将保障和改善民生作为预防和化解矛盾纠纷的基础性工作，更加注重落实好各项民生政策，优先保障民生支出。针对土地征用、房屋拆迁、劳动和社会保障等方面的突出问题，加强顶层设计，完善相关政策，全力推动落实。

（2）提高科学民主决策水平。完善决策机制和程序，增强决策透明度和公众参与度。建立健全人民建议征集制度，鼓励和引导人民群众对党和政府工作献计献策。对与人民群众利益密切相关的决策事项，要通过举行座谈会、听证会、论证会等形式广泛听取意见，充分考虑大多数人的利益。健全重大决策社会稳定风险评估机制，把社会稳定风险评估作为重大决策出台的前置程序和刚性门槛，对决策可能引发的各种风险进行科学预测、综合研判，确定风险等级并制定相应的化解处置预案。在评估中要充分听取信访、维稳、综治等部门的意见。健全决策纠错改正机制，实时跟踪决策实施情况，及时了解利益相关方和社会公众对决策实施的意见和建议，全面评估决策执行效果，适时决定是否对决策予以调整或者停止执行。落实决策责任追究制度，对违反决策规定、出现重大决策失误而造成重大损失或者恶劣影响的，按照谁决策、谁负责的原则，严肃追究决策者的党纪政纪责任，触犯法律的依法追究其法律责任。

（3）坚持依法办事。各级国家机关及其工作人员要严格按照法定权限和程序行使权力、履行职责。强化各级干部带头学法尊法守法用法意识，提高依法办事能力。依法保障人民群众参与社会治理和公共事务，坚决纠正限制和干涉群众正常信访活动的错误做法。注重运用法治思维和法治方式化解矛盾纠纷，防止以闹求解决、以访谋私利、无理缠访闹访等现象发生。严格落实行政执法责任制，对于不作为、乱作为的，依法追究责任。深化司法体制改革，确保司法公平公正。建立健全冤假错案责任追究制度，实行法官、检察官、人民警察对办案质量终身负责制，严肃查处刑讯逼供、暴力取证、隐匿伪造证据等违法行为，不断提高司法公信力。

（4）改进工作作风。发扬求真务实、真抓实干、密切联系群众的优良作风，深入基层调查研究，解决突出问题。总结推广干部进村入户、送政策送温暖送服务、记民情日记、建民情档案等做法，坚持与群众共同分析研究解决实际问题。坚决反对形式主义、官僚主义、享乐主义和奢靡之风，做到联系群众而不脱离群众、服务群众而不损害群众、解决问题而不引发问题，进一步密切党群干群关系。

10. 如何进一步畅通和规范群众诉求表达渠道?

2014年，中共中央办公厅、国务院办公厅印发的《关于创新群众工作方法解决信访突出问题的意见》指出，进一步畅通和规范群众诉求表达渠道，应当做到以下几点：

(1) 健全公开透明的诉求表达和办理方式。完善民生热线、视频接访、绿色邮政、信访代理等做法，更加重视群众来信尤其是初次来信办理，引导群众更多以书信、电话、传真、视频、电子邮件等形式表达诉求，树立通过上述形式也能有效解决问题的导向。实行网上受理信访制度，大力推行阳光信访，全面推进信访信息化建设，建立网下办理、网上流转的群众信访事项办理程序，实现办理过程和结果可查询、可跟踪、可督办、可评价，增强透明度和公正性；逐步推行信访事项办理群众满意度评价，把办理工作置于群众监督之下，提高信访公信力。

（2）突出领导干部接访下访重点。把领导干部接访下访作为党员干部直接联系群众的一项重要制度，与下基层调查研究、深入联系点、扶贫帮困等结合起来，提高工作实效性。省级领导干部每半年至少1天、市厅级领导干部每季度至少1天、县（市、区、旗）领导干部每月至少1天、乡镇（街道）领导干部每周至少1天到信访接待场所，按照属地管理、分级负责的原则接待群众来访，省、市及其工作部门领导干部一般不接待越级上访。在坚持定点接访的同时，更多采取重点约访、专题接访、带案下访、下基层接访、领导包案等方式，把行政资源集中用于解决重大疑难复杂问题、检验施政得失、完善政策措施、加强督查问效上。

（3）完善联合接访运行方式。按照一站式接待、一条龙办理、一揽子解决的要求，在市、县两级全部实行联合接访，减少群众信访成本，提高工作效率。加强对进驻联合接访场所责任部门的动态管理，做到信访问题突出的责任部门及时进驻，信访问题明显减少的责任部门有序退出；推行律师参与接访、心理咨询疏导和专业社会工作服务等第三方介入的方法，促进问题解决。

（4）引导群众依法逐级反映诉求。加快推进信访工作法治化建设，健全依法及时就地解决群众合理诉求机制，进一步强化属地责任，积极引导群众以理性合法方式逐级表达诉求，不支持、不受理越级上访。中央和国家机关来访接待部门对应到而未到省级职能部门反映诉求的，或者省级职能部门正在处理且未超出法定处理期限的，或者信访事项已经依法终结的，不予受理。各地可结合实际制定具体实施办法。依法维护信访秩序，对信访活动中的违法犯罪行为，由公安机关依法处理。

（5）充分发挥法定诉求表达渠道作用。按照涉法涉诉信访工作机制改革的总体要求，严格实行诉讼与信访分离，把涉法涉诉信访纳入法治轨道解决，建立涉法涉诉信访依法终结制度。各级政府信访部门对涉法涉诉事项不予受理，引导信访人依照规定程序向有关政法机关提出，或者及时转同级政法机关依法办理。完善法院、检察院、公安、司法行政机关信访事项受理办理制度，落实便民利民措施，为群众提供便捷高效热情服务。完善诉讼、仲裁、行政复议等法定诉求表达方式，使合理合法诉求通过法律程序得到解决。加强司法能力建设，不断满足人民群众日益增长的司法需求，让人民群众在每一个司法案件中都感受到公平正义。

11. 如何健全解决信访突出问题工作机制？

根据中共中央办公厅、国务院办公厅2014年印发的《关于创新群众工作方法解决信访突出问题的意见》，健全解决信访突出问题工作机制，应当做到以下几点：

（1）完善信访联席会议制度。强化各级信访联席会议综合协调、组织推动、督导落实等职能作用，形成整合资源、解决信访突出问题的工作合力。根据实际需要，及时调整成员单位组成和专项工作小组设置，进一步明确各自职责任务，建立健全相关工作制度，特别注重从政策层面研究解决带有倾向性、普遍性和合理性的突出问题。

（2）健全解决特殊疑难信访问题工作机制。综合运用法律、政策、经济、行政等手段和教育、协商、调解、疏导等办法，认真解决特殊疑难信访问题，做到诉求合理的解决问题到位，诉求无理的思想教育到位，生活困难的帮扶救助到位，行为违法的依法处理。建立信访听证制度，对疑难复杂信访问题进行公开听证，促进息诉息访；规范信访事项复查复核工作，对已审核认定办结的信访事项不再受理；健全信访事项协商会办等制度，明确相关责任，加大化解“三跨三分离”信访事项力度。

（3）健全统筹督查督办信访事项工作机制。建立健全党委和政府统一领导、信访联席会议组织实施、相关职能部门共同参与的督查督办工作机制，进一步加大解决和化解信访突出问题的力度。对久拖不决、涉及面广、群众反映强烈、社会关注度高的重大疑难信访突出问题，列入党委和政府督查机构督查范围；采取有针对性的方法，加强对重点地区、重点领域、重点问题的跟踪督查和问效。各级党委和政府要支持信访部门开展督查，重视信访部门提出的改进工作、完善政策、给予处分等建议。

（4）健全科学合理的信访工作考核评价体系。改进和完善考核方式，综合考虑各地区经济社会发展情况、人口数量、地域特点、信访总量、诉求构成、解决问题的质量和效率等因素，合理设置考核项目和指标，不简单以信访数量多少为标准进行考评，推动各地区把工作重点放在预防和解决问题上。坚持量化考核和综合评议、上级评议和群众评议、平时考核和阶段性考核相结合，提高考核的科学性、客观性和可信度。

（5）健全经常性教育疏导机制。认真研究把握新形势下思想政治工作特点和规律，教育和引导群众正确认识发展中存在的问题，正确处理个人利益和集体利益、局部利益和全局利益、当前利益和长远利益的关系，确立与当前经济社会发展阶段相适应的心理预期，自觉维护改革发展稳定大局。充分运用现代科技手段，通过建立政务微博、民生微信、民情QQ群等方式，搭建联系群众、体察民情、回应民意的新平台，提高互联网时代做好群众思想政治工作的能力和水平。

第二章　信访工作体制

12. 应当构建怎样的信访工作格局？

《信访工作条例》第七条规定，坚持和加强党对信访工作的全面领导，构建党委统一领导、政府组织落实、信访工作联席会议协调、信访部门推动、各方齐抓共管的信访工作格局。

13. 如何加强党中央对信访工作的统一领导？

根据《信访工作条例》第八条的规定，通过如下方式，党中央加强对信访工作的统一领导：（1）强化政治引领，确立信访工作的政治方向和政治原则，严明政治纪律和政治规矩；（2）制定信访工作方针政策，研究部署信访工作中事关党和国家工作大局、社会和谐稳定、群众权益保障的重大改革措施；（3）领导建设一支对党忠诚可靠、恪守为民之责、善做群众工作的高素质专业化信访工作队伍，为信访工作提供组织保证。

14. 地方党委如何领导本地区信访工作？

《信访工作条例》第九条第一款规定，地方党委领导本地区信访工作，贯彻落实党中央关于信访工作的方针政策和决策部署，执行上级党组织关于信访工作的部署要求，统筹信访工作责任体系构建，支持和督促下级党组织做好信访工作。

15. 地方党委常委如何发挥作用，做好本地区信访工作？

《信访工作条例》第九条第二款规定，地方党委常委会应当定期听取信访工作汇报，分析形势，部署任务，研究重大事项，解决突出问题。

16. 各级政府如何做好信访工作？

《信访工作条例》第十条规定，各级政府贯彻落实上级党委和政府以及本级党委关于信访工作的部署要求，科学民主决策、依法履行职责，组织各方力量加强矛盾纠纷排查化解，及时妥善处理信访事项，研究解决政策性、群体性信访突出问题和疑难复杂信访问题。

17. 中央信访工作联席会议应当履行哪些职责？

《信访工作条例》第十一条第一款规定，中央信访工作联席会议在党中央、国务院领导下，负责全国信访工作的统筹协调、整体推进、督促落实，履行下列职责：（1）研究分析全国信访形势，为中央决策提供参考；（2）督促落实党中央关于信访工作的方针政策和决策部署；（3）研究信访制度改革和信访法治化建设重大问题和事项；（4）研究部署重点工作任务，协调指导解决具有普遍性的信访突出问题；(5) 领导组织信访工作责任制落实、督导考核等工作；(6) 指导地方各级信访工作联席会议工作；(7) 承担党中央、国务院交办的其他事项。

18. 中央信访工作联席会议由哪些人员组成？

《信访工作条例》第十一条第二款规定，中央信访工作联席会议由党中央、国务院领导同志以及有关部门负责同志担任召集人，各成员单位负责同志参加。

19. 中央信访工作联席会议的日常工作由什么机构承担？

《信访工作条例》第十一条第二款规定，中央信访工作联席会议办公室设在国家信访局，承担联席会议的日常工作，督促检查联席会议议定事项的落实。

20. 中央信访工作联席会议研究哪些事项?

《信访工作条例》第十二条第一款规定，中央信访工作联席会议根据工作需要召开全体会议或者工作会议。研究涉及信访工作改革发展的重大问题和重要信访事项的处理意见，应当及时向党中央、国务院请示报告。

21. 中央信访工作联席会议确定的工作任务和议定事项，如何落实?

《信访工作条例》第十二条第二款规定，中央信访工作联席会议各成员单位应当落实联席会议确定的工作任务和议定事项，及时报送落实情况；及时将本领域重大敏感信访问题提请联席会议研究。

22. 地方各级信访工作联席会议负责哪些工作?

《信访工作条例》第十三条第一款规定，

地方各级信访工作联席会议在本级党委和政府领导下，负责本地区信访工作的统筹协调、整体推进、督促落实，协调处理发生在本地区的重要信访问题，指导下级信访工作联席会议工作。联席会议召集人一般由党委和政府负责同志担任。

23. 地方党委和政府如何提升联席会议工作的科学化、制度化、规范化水平？

《信访工作条例》第十三条第二款规定，地方党委和政府应当根据信访工作形势任务，及时调整成员单位，健全规章制度，建立健全信访信息分析研判、重大信访问题协调处理、联合督查等工作机制，提升联席会议工作的科学化、制度化、规范化水平。

24. 乡镇党委和政府、街道党工委和办事处可以建立信访工作联席会议机制吗？

《信访工作条例》第十三条第三款规定，

根据工作需要，乡镇党委和政府、街道党工委和办事处可以建立信访工作联席会议机制，或者明确党政联席会定期研究本地区信访工作，协调处理发生在本地区的重要信访问题。

25. 各级党委和政府信访部门应当履行哪些职责?

《信访工作条例》第十四条第一款规定，各级党委和政府信访部门是开展信访工作的专门机构，履行下列职责：（1）受理、转送、交办信访事项；（2）协调解决重要信访问题；（3）督促检查重要信访事项的处理和落实；（4）综合反映信访信息，分析研判信访形势，为党委和政府提供决策参考；（5）指导本级其他机关、单位和下级的信访工作；（6）提出改进工作、完善政策和追究责任的建议；（7）承担本级党委和政府交办的其他事项。

26. 各级党委和政府信访部门以外的其他机关、单位应当履行哪些职责？

《信访工作条例》第十四条第二款规定，各级党委和政府信访部门以外的其他机关、单位应当根据信访工作形势任务，明确负责信访工作的机构或者人员，参照党委和政府信访部门职责，明确相应的职责。

27. 各级党委和政府以外的其他机关、单位应当如何做好信访工作？

《信访工作条例》第十五条第一款规定，各级党委和政府以外的其他机关、单位应当做好各自职责范围内的信访工作，按照规定及时受理办理信访事项，预防和化解政策性、群体性信访问题，加强对下级机关、单位信访工作的指导。

28. 各级机关、单位应当如何运用社会力量化解矛盾纠纷?

《信访工作条例》第十五条第二款规定，各级机关、单位应当拓宽社会力量参与信访工作的制度化渠道，发挥群团组织、社会组织和“两代表一委员”、社会工作者等作用，反映群众意见和要求，引导群众依法理性反映诉求、维护权益，推动矛盾纠纷及时有效化解。

2014年，中共中央办公厅、国务院办公厅印发的《关于创新群众工作方法解决信访突出问题的意见》指出，要组织动员社会力量参与。完善党代表、人大代表、政协委员联系群众制度，组织老干部、老党员、老模范、老教师、老军人等参与解决和化解信访突出问题相关工作。发挥工会、共青团、妇联等人民团体优势，做好组织引导服务群众和维护群众权益工作。制定扶持引导政策，通过政府购买服务、提供办公场所等形式，发挥好社会组织的积极作用。建立健全群众参与机制和激励机制，把群众工作触角延伸到家家户户；引导村（社区）制定符合国家法律的村规民约，运用道德、习俗、伦理的力量调节关系、化解纠纷。

29. 乡镇党委和政府、街道党工委和办事处以及村（社区）“两委”应当如何有效化解矛盾纠纷？

《信访工作条例》第十五条第三款规定，乡镇党委和政府、街道党工委和办事处以及村（社区）“两委”应当全面发挥职能作用，坚持和发展新时代“枫桥经验”，积极协调处理化解发生在当地的信访事项和矛盾纠纷，努力做到小事不出村、大事不出镇、矛盾不上交。

2014年，中共中央办公厅、国务院办公厅印发的《关于创新群众工作方法解决信访突出问题的意见》指出，要健全基层组织网络。进一步强化基层基础工作，把更多人力物力财力投向基层，把问题解决在基层，把矛盾化解在基层。创新党组织设置，推动党的组织和工作全覆盖。加强基层服务型党组织建设，提升基层党组织服务群众、做群众工作的能力和水平。建立健全基层民主管理机制，落实党务公开、政务公开、厂务公开、村务公开制度，充分调动群众民主参与、民主管理、民主监督的积极性。进一步加强乡镇（街道）、村（社区）、机关、企事业单位、社会组织党组织建设，建立健全解决问题、化解矛盾的基层综合服务管理平台。

该意见指出，加大社会矛盾纠纷排查化解工作力度。把矛盾纠纷排查化解工作的重心从事后处理转移到事前预防上来，做到发现得早、化解得了、控制得住、处理得好。健全矛盾纠纷预警机制，加强信息汇集分析研判；推行民情分析会、民情恳谈会等做法，充分发挥村（社区）、企事业单位信息员、调解员的作用。全面推行网格化管理模式，完善信访和人民调解、行政调解、司法调解联动工作体系，实现小事不出村、大事不出乡、矛盾不上交。

30. 各级党委和政府应当如何加强信访部门建设？

《信访工作条例》第十六条第一款、第四款规定，各级党委和政府应当加强信访部门建设，选优配强领导班子，配备与形势任务相适应的工作力量，建立健全信访督查专员制度，打造高素质专业化信访干部队伍。各级党委和政府信访部门主要负责同志应当由本级党委或者政府副秘书长〔办公厅（室）副主任〕兼任。各级党委和政府应当为信访工作提供必要的支持和保障，所需经费列入本级预算。

31. 各级党委和政府应当如何加强信访干部队伍建设？

《信访工作条例》第十六条第二款、第三款规定，各级党校（行政学院）应当将信访工作作为党性教育内容纳入教学培训，加强干部教育培训。各级机关、单位应当建立健全年轻干部和新录用干部到信访工作岗位锻炼制度。

根据中共中央办公厅、国务院办公厅2014年印发的《关于创新群众工作方法解决信访突出问题的意见》，各级党委和政府要重视和加强信访干部队伍建设，根据形势任务需要，不断充实信访工作力量。完善后备干部、新提拔干部和中青年干部到信访部门、信访干部到基层一线挂职锻炼制度；选拔群众工作经验丰富的干部到信访部门工作，重视信访干部的使用，深入开展信访干部交流工作，增强信访干部队伍活力，不断提高做好新形势下群众工作、解决信访突出问题的能力。

第三章 信访事项的提出和受理

32. 公民、法人或者其他组织向各级机关、单位反映情况，提出建议、意见或者投诉，可以采用哪些形式？

《信访工作条例》第十七条第一款规定，公民、法人或者其他组织可以采用信息网络、书信、电话、传真、走访等形式，向各级机关、单位反映情况，提出建议、意见或者投诉请求，有关机关、单位应当依规依法处理。

33. 什么是网上信访？

网上信访，是指公民、法人或者其他组织通过党委和政府信访网站或电子信箱等反映情况，提出建议、意见或者投诉请求，依法由有关国家机关处理的活动。国家信访局国家投诉受理办公室网站为 http://wsxf. gjxfj. gov. cn，该网站汇集了各地信访办公室网站、国务院部门网站，方便公民、法人或者其他组织通过网站提出信访事项。

34. 如何进行网上信访？

网上信访包括以下五个步骤：(1) 注册，按要求如实填写个人信息。(2) 登录，通过姓名、证件号码或手机号码登录。(3) 提交，通过“投诉请求”或“建议征集”窗口提交。(4) 查询，查询提交事项的受理办理情况。(5) 评价，对受理办理情况进行评价。

35. 什么是信访人？

根据《信访工作条例》第十七条第二款的规定，信访人是指采用信息网络、书信、电话、传真、走访等形式，向各级机关、单位反映情况，提出建议、意见或者投诉请求的公民、法人或者其他组织。

36. 各级机关、单位应当为信访人提供哪些便利？

根据《信访工作条例》第十八条第一款的规定，各级机关、单位应当向社会公布网络信访渠道、通信地址、咨询投诉电话、信访接待的时间和地点、查询信访事项处理进展以及结果的方式等相关事项，在其信访接待场所或者网站公布与信访工作有关的党内法规和法律、法规、规章，信访事项的处理程序，以及其他为信访人提供便利的相关事项。

37. 各级机关、单位领导干部应当阅办群众来信、网上信访，以及定期接访、下访吗？

根据《信访工作条例》第十八条第二款的规定，各级机关、单位领导干部应当阅办群众来信和网上信访、定期接待群众来访、定期下访，包案化解群众反映强烈的突出问题。

38. 市、县级党委和政府应当如何一站式解决信访问题？

根据《信访工作条例》第十八条第三款的规定，市、县级党委和政府应当建立和完善联合接访工作机制，根据工作需要组织有关机关、单位联合接待，一站式解决信访问题。

39. 信访人应当如何提出信访事项？

《信访工作条例》第十九条第一款规定，信访人一般应当采用书面形式提出信访事项，并载明其姓名（名称）、住址和请求、事实、理由。

40. 信访人可以采用口头形式提出信访事项吗？

根据《信访工作条例》第十九条第一款的规定，信访人一般应当采用书面形式提出信访事项，但是如果信访人采用口头形式提出信访事项，有关机关、单位仍然应当如实记录。

41. 信访人应当对其提出的信访事项的客观真实性负责吗?

《信访工作条例》第十九条第二款规定,信访人提出信访事项,应当客观真实,对其所提供材料内容的真实性负责,不得捏造、歪曲事实,不得诬告、陷害他人。

42. 信访事项已经受理或者正在办理的,信访人可以向上级机关、单位提出同一信访事项吗?

《信访工作条例》第十九条第三款规定,信访事项已经受理或者正在办理的,信访人在规定期限内向受理、办理机关、单位的上级机关、单位又提出同一信访事项的,上级机关、单位不予受理。

43. 信访人采用走访形式提出信访事项的，有哪些要求？

《信访工作条例》第二十条规定，信访人采用走访形式提出信访事项的，应当到有权处理的本级或者上一级机关、单位设立或者指定的接待场所提出。信访人采用走访形式提出涉及诉讼权利救济的信访事项，应当按照法律法规规定的程序向有关政法部门提出。多人采用走访形式提出共同的信访事项的，应当推选代表，代表人数不得超过5人。

44. 信访人采用走访形式提出信访事项的，各级机关、单位应当如何接待来访？

《信访工作条例》第二十条第四款规定，各级机关、单位应当落实属地责任，认真接待处理群众来访，把问题解决在当地，引导信访人就地反映问题。

45. 如何加强信访工作信息化、智能化建设？

《信访工作条例》第二十一条规定，各级党委和政府应当加强信访工作信息化、智能化建设，依规依法有序推进信访信息系统互联互通、信息共享。各级机关、单位应当及时将信访事项录入信访信息系统，使网上信访、来信、来访、来电在网上流转，方便信访人查询、评价信访事项办理情况。

46. 各级党委和政府信访部门收到信访事项，应当如何处理？

《信访工作条例》第二十二条第一款规定，各级党委和政府信访部门收到信访事项，应当予以登记，并区分情况，在15日内分别按照下列方式处理：

（1）对依照职责属于本级机关、单位或者其工作部门处理决定的，应当转送有权处理的机关、单位；情况重大、紧急的，应当及时提出建议，报请本级党委和政府决定。

（2）涉及下级机关、单位或者其工作人员的，按照“属地管理、分级负责，谁主管、谁负责”的原则，转送有权处理的机关、单位。

（3）对转送信访事项中的重要情况需要反馈办理结果的，可以交由有权处理的机关、单位办理，要求其在指定办理期限内反馈结果，提交办结报告。

47. 有权处理机关收到信访事项，应当如何制作告知书？

2017 年，国家信访局印发的《依法分类处理信访诉求工作规则》第七条规定，有权处理机关应当自收到诉求之日起 15 日内制作包含以下内容的告知书，加盖机关印章或者业务办理专用印章，告知信访人：（1）拟适用的其他法定途径及依据；（2）查询或者联系方式；（3）其他需要告知的内容。除告知以上内容外，需要依申请启动的，还应当告知其申请需要提供的相关材料。法律、法规或者规章对受理的时间和告知的形式、内容另有规定的，从其规定。

第八条规定，有权处理机关认为应当适用信访程序办理的，应当在收到诉求之日起15日内出具信访事项受理告知书，加盖信访业务专用章送达信访人。

48. 各级党委和政府信访部门收到涉法涉诉信件，应当如何处理？

《信访工作条例》第二十二条第二款规定，各级党委和政府信访部门对收到的涉法涉诉信件，应当转送同级政法部门依法处理；对走访反映涉诉问题的信访人，应当释法明理，引导其向有关政法部门反映问题。对属于纪检监察机关受理的检举控告类信访事项，应当按照管理权限转送有关纪检监察机关依规依纪依法处理。

2014年，中共中央办公厅、国务院办公厅印发的《关于依法处理涉法涉诉信访问题的意见》强调，改革涉法涉诉信访工作机制、依法处理涉法涉诉信访问题的总体思路是：改变经常性集中交办、过分依靠行政推动、通过信访启动法律程序的工作方式，把解决涉法涉诉信访问题纳入法治轨道，由政法机关依法按程序处理，依法纠正执法差错，依法保障合法权益，依法维护公正结论，保护合法信访、制止违法闹访。努力实现案结事了、息诉息访，实现维护人民群众合法权益与维护司法权威的统一。

49. 党委和政府信访部门以外的其他机关、单位收到信访人直接提出的信访事项，应当如何处理？

《信访工作条例》第二十三条第一款规定，党委和政府信访部门以外的其他机关、单位收到信访人直接提出的信访事项，应当予以登记；对属于本机关、单位职权范围的，应当告知信访人接收情况以及处理途径和程序；对属于本系统下级机关、单位职权范围的，应当转送、交办有权处理的机关、单位，并告知信访人转送、交办去向；对不属于本机关、单位或者本系统职权范围的，应当告知信访人向有权处理的机关、单位提出。

50. 对信访人直接提出的信访事项，有关机关、单位应当当场告知处理情况吗？

《信访工作条例》第二十三条第二款规定，对信访人直接提出的信访事项，有关机关、单位能够当场告知的，应当当场书面告知；不能当场告知的，应当自收到信访事项之日起15日内书面告知信访人，但信访人的姓名（名称）、住址不清的除外。

51. 对党委和政府信访部门或者本系统上级机关、单位转送、交办的信访事项，应当如何处理？

《信访工作条例》第二十三条第三款、第

四款规定，对党委和政府信访部门或者本系统上级机关、单位转送、交办的信访事项，属于本机关、单位职权范围的，有关机关、单位应当自收到之日起15日内书面告知信访人接收情况以及处理途径和程序；不属于本机关、单位或者本系统职权范围的，有关机关、单位应当自收到之日起5个工作日内提出异议，并详细说明理由，经转送、交办的信访部门或者上级机关、单位核实同意后，交还相关材料。政法部门处理涉及诉讼权利救济事项、纪检监察机关处理检举控告事项的告知按照有关规定执行。

52. 涉及两个或者两个以上机关、单位的信访事项，应当如何处理？

《信访工作条例》第二十四条第一款规定，涉及两个或者两个以上机关、单位的信访事项，由所涉及的机关、单位协商受理；受理有争议的，由其共同的上一级机关、单位决定受理机关；受理有争议且没有共同的上一级机关、单位的，由共同的信访工作联席会议协调处理。

53. 应当对信访事项作出处理的机关、单位分立、合并、撤销的，由谁处理信访事项？

《信访工作条例》第二十四条第二款规定，应当对信访事项作出处理的机关、单位分立、合并、撤销的，由继续行使其职权的机关、单位受理；职责不清的，由本级党委和政府或者其指定的机关、单位受理。

54. 对可能造成社会影响的重大、紧急信访事项和信访信息，应当如何处理？

《信访工作条例》第二十五条规定，各级机关、单位对可能造成社会影响的重大、紧急信访事项和信访信息，应当及时报告本级党委和政府，通报相关主管部门和本级信访工作联席会议办公室，在职责范围内依法及时采取措施，防止不良影响的产生、扩大。地方各级党委和政府信访部门接到重大、紧急信访事项和信访信息，应当向上一级信访部门报告，同时报告国家信访局。

55. 信访人在信访过程中不得有哪些行为？

《信访工作条例》第二十六条规定，信访人在信访过程中应当遵守法律、法规，不得损害国家、社会、集体的利益和其他公民的合法权利，自觉维护社会公共秩序和信访秩序，不得有下列行为：

（1）在机关、单位办公场所周围、公共场所非法聚集，围堵、冲击机关、单位，拦截公务车辆，或者堵塞、阻断交通；

（2）携带危险物品、管制器具；

（3）侮辱、殴打、威胁机关、单位工作人员，非法限制他人人身自由，或者毁坏财物；

（4）在信访接待场所滞留、滋事，或者将

生活不能自理的人弃留在信访接待场所；

（5）煽动、串联、胁迫、以财物诱使、幕后操纵他人信访，或者以信访为名借机敛财；

（6）其他扰乱公共秩序、妨害国家和公共安全的行为。

第四章　信访事项的办理

56. 各级机关、单位及其工作人员办理信访事项有哪些工作要求?

《信访工作条例》第二十七条规定，各级机关、单位及其工作人员应当根据各自职责和有关规定，按照诉求合理的解决问题到位、诉求无理的思想教育到位、生活困难的帮扶救助到位、行为违法的依法处理的要求，依法按政策及时就地解决群众合法合理诉求，维护正常信访秩序。

57. 各级机关、单位及其工作人员办理信访事项有哪些工作原则?

《信访工作条例》第二十八条第一款规定，各级机关、单位及其工作人员办理信访事项，应当恪尽职守、秉公办事，查明事实、分清责任，加强教育疏导，及时妥善处理，不得推诿、敷衍、拖延。

58. 什么是诉讼与信访分离制度？

《信访工作条例》第二十八条第二款规定，各级机关、单位应当按照诉讼与信访分离制度要求，将涉及民事、行政、刑事等诉讼权利救济的信访事项从普通信访体制中分离出来，由有关政法部门依法处理。

2014 年，中共中央办公厅、国务院办公厅印发《关于依法处理涉法涉诉信访问题的意见》，提出实行诉讼与信访分离制度。把涉及民商事、行政、刑事等诉讼权利救济的信访事项从普通信访体制中分离出来，由政法机关依法处理。各级信访部门对到本部门上访的涉诉信访群众，应当引导其到政法机关反映问题；对按规定受理的涉及公安机关、司法行政机关的涉法涉诉信访事项，收到的群众涉法涉诉信件，应当转同级政法机关依法处理。

59. 什么是信访工作的回避制度？

《信访工作条例》第二十八条第三款规定，各级机关、单位工作人员与信访事项或者信访人有直接利害关系的，应当回避。

60. 对信访人反映的情况、提出的建议意见类事项，应当如何处理？

《信访工作条例》第二十九条第一款、第二款规定，对信访人反映的情况、提出的建议意见类事项，有权处理的机关、单位应当认真研究论证。对科学合理、具有现实可行性的，应当采纳或者部分采纳，并予以回复。信访人反映的情况、提出的建议意见，对国民经济和社会发展或者对改进工作以及保护社会公共利益有贡献的，应当按照有关规定给予奖励。

61. 各级党委和政府应当主动听取群众的建议意见吗？

《宪法》第二十七条第二款规定，一切国家机关和国家工作人员必须依靠人民的支持，经常保持同人民的密切联系，倾听人民的意见和建议，接受人民的监督，努力为人民服务。《信访工作条例》第二十九条第三款规定，各级党委和政府应当健全人民建议征集制度，对涉及国计民生的重要工作，主动听取群众的建议意见。

62. 对信访人提出的检举控告类事项，应当如何处理？

《信访工作条例》第三十条规定，对信访人提出的检举控告类事项，纪检监察机关或者有权处理的机关、单位应当依规依纪依法接收、受理、办理和反馈。党委和政府信访部门应当按照干部管理权限向组织（人事）部门通报反映干部问题的信访情况，重大情况向党委主要负责同志和分管组织（人事）工作的负责同志报送。组织（人事）部门应当按照干部选拔任用监督的有关规定进行办理。不得将信访人的检举、揭发材料以及有关情况透露或者转给被检举、揭发的人员或者单位。此外，《信访工作条例》第十八条第四款规定，任何组织和个人不得打击报复信访人。

63. 对信访人提出的申诉求决类事项，应当如何处理？

《信访工作条例》第三十一条规定，对信访人提出的申诉求决类事项，有权处理的机关、单位应当区分情况，分别按照下列方式办理：

（1）应当通过审判机关诉讼程序或者复议程序、检察机关刑事立案程序或者法律监督程序、公安机关法律程序处理的，涉法涉诉信访事项未依法终结的，按照法律法规规定的程序处理。

（2）应当通过仲裁解决的，导入相应程序

处理。

(3) 可以通过党员申诉、申请复审等解决的，导入相应程序处理。

(4) 可以通过行政复议、行政裁决、行政确认、行政许可、行政处罚等行政程序解决的，导入相应程序处理。

(5) 属于申请查处违法行为、履行保护人身权或者财产权等合法权益职责的，依法履行或者答复。

(6) 不属于以上情形的，应当听取信访人陈述事实和理由，并调查核实，出具信访处理意见书。对重大、复杂、疑难的信访事项，可以举行听证。

64. 什么是涉法涉诉信访事项导入司法程序机制？

根据《信访工作条例》第三十一条第一项至第五项的规定，信访人提出的申诉求决类事项，可以通过诉讼、复议、仲裁、申诉等程序处理的，导入相应程序处理。此条规定与2014年中共中央办公厅、国务院办公厅印发的《关于依法处理涉法涉诉信访问题的意见》精神一致，该意见指出，要建立涉法涉诉信访事项导入司法程序机制。对涉法涉诉信访事项，各级政法机关要及时审查、甄别。对于正在法律程序中的，继续依法按程序办理；对于已经结案，但符合复议、复核、再审条件的，依法转入相应法律程序办理；对于已经结案，不符合复议、复核、再审条件的，做好不予受理的解释说明工作；对于不服有关行政机关依法作出的行政复议决定，经释法明理仍不服的，可引导其向人民法院提起行政诉讼。有关处理程序和结果，应当严格按照规定的期限和方式，及时告知当事人。

65. 如何制作信访处理意见书？

《信访工作条例》第三十二条第一款规定，信访处理意见书应当载明信访人投诉请求、事实和理由、处理意见及其法律法规依据：(1) 请求事实清楚，符合法律、法规、规章或者其他有关规定的，予以支持；(2) 请求事由合理但缺乏法律依据的，应当作出解释说明；(3) 请求缺乏事实根据或者不符合法律、法规、规章或者其他有关规定的，不予支持。

66. 有权处理的机关、单位作出支持或不予支持信访请求意见的，还应当做好哪些工作？

《信访工作条例》第三十二条第二款规定，有权处理的机关、单位作出支持信访请求意见的，应当督促有关机关、单位执行；不予支持的，应当做好信访人的疏导教育工作。

67. 各级机关、单位在处理申诉求决类事项过程中，如何进行调解？

《信访工作条例》第三十三条规定，各级机关、单位在处理申诉求决类事项过程中，可以在不违反政策法规强制性规定的情况下，在裁量权范围内，经争议双方当事人同意进行调解；可以引导争议双方当事人自愿和解。经调解、和解达成一致意见的，应当制作调解协议书或者和解协议书。

68. 各级机关、单位处理申诉求决类事项的办理期限是多久？

根据《信访工作条例》第三十一条的规定，对信访人提出的申诉求决类事项，有权处理的机关、单位应当区分情况，分别办理。根据该条第一项至第五项的规定，信访人提出的申诉求决类事项，可以通过诉讼、复议、仲裁、申诉等程序处理的，导入相应程序处理，其办理期限应当按照《行政复议法》《行政诉讼法》《民事诉讼法》《刑事诉讼法》《仲裁法》等相关规定确定。

根据《信访工作条例》第三十四条的规定，对《信访工作条例》第三十一条第六项规定的信访事项，即不属于可以通过诉讼、复议、仲裁、申诉等程序处理的申诉求决类事项，应当自受理之日起60日内办结；情况复杂的，经本机关、单位负责人批准，可以适当延长办理期限，但延长期限不得超过30日，并告知信访人延期理由。

69. 信访人对信访处理意见不服的，可以要求复查吗？

《信访工作条例》第三十五条规定，信访人对信访处理意见不服的，可以自收到书面答复之日起30日内请求原办理机关、单位的上一级机关、单位复查。收到复查请求的机关、单位应当自收到复查请求之日起30日内提出复查意见，并予以书面答复。

70. 信访人对复查意见不服的，可以要求复核吗？

《信访工作条例》第三十六条第一款、第

二款规定，信访人对复查意见不服的，可以自收到书面答复之日起30日内向复查机关、单位的上一级机关、单位请求复核。收到复核请求的机关、单位应当自收到复核请求之日起30日内提出复核意见。复核机关、单位可以按照《信访工作条例》第三十一条第六项的规定举行听证，经过听证的复核意见可以依法向社会公示。听证所需时间不计算在前款规定的期限内。

71. 信访人对复核意见不服的，可以投诉吗？

《信访工作条例》第三十六条第三款规定，信访人对复核意见不服，仍然以同一事实和理由提出投诉请求的，各级党委和政府信访部门和其他机关、单位不再受理。

72. 各级机关、单位应当如何进行社会矛盾纠纷多元预防调处化解？

《信访工作条例》第三十七条第一款规定，

各级机关、单位应当坚持社会矛盾纠纷多元预防调处化解，人民调解、行政调解、司法调解联动，综合运用法律、政策、经济、行政等手段和教育、协商、疏导等办法，多措并举化解矛盾纠纷。

73. 对生活确有困难的信访人，各级机关、单位应当如何救助？

《信访工作条例》第三十七条第二款规定，各级机关、单位在办理信访事项时，对生活确有困难的信访人，可以告知或者帮助其向有关机关或者机构依法申请社会救助。符合国家司法救助条件的，有关政法部门应当按照规定给予司法救助。

74. 生活确有困难的信访人，在哪些情形下可以申请社会救助？

根据 2019 年国务院修订的《社会救助暂行办法》，社会救助具体包括以下情形：

（1）最低生活保障。国家对共同生活的家庭成员人均收入低于当地最低生活保障标准，且符合当地最低生活保障家庭财产状况规定的家庭，给予最低生活保障。

（2）特困人员供养。国家对无劳动能力、无生活来源且无法定赡养、抚养、扶养义务人，或者其法定赡养、抚养、扶养义务人无赡养、抚养、扶养能力的老年人、残疾人以及未满16周岁的未成年人，给予特困人员供养。

（3）受灾人员救助。国家建立健全自然灾害救助制度，对基本生活受到自然灾害严重影响的人员，提供生活救助。

（4）医疗救助。最低生活保障家庭成员、特困供养人员、县级以上人民政府规定的其他特殊困难人员，可以申请相关医疗救助。

（5）教育救助。国家对在义务教育阶段就学的最低生活保障家庭成员、特困供养人员，给予教育救助。

（6）住房救助。国家对符合规定标准的住

房困难的最低生活保障家庭、分散供养的特困人员，给予住房救助。

（7）就业救助。国家对最低生活保障家庭中有劳动能力并处于失业状态的成员，通过贷款贴息、社会保险补贴、岗位补贴、培训补贴、费用减免、公益性岗位安置等办法，给予就业救助。

（8）临时救助。国家对因火灾、交通事故等意外事件，家庭成员突发重大疾病等原因，导致基本生活暂时出现严重困难的家庭，或者因生活必需支出突然增加超出家庭承受能力，导致基本生活暂时出现严重困难的最低生活保障家庭，以及遭遇其他特殊困难的家庭，给予临时救助。

75. 生活确有困难的信访人，在什么情形下可以申请司法救助？

2014 年，中共中央政法委员会、财政部、最高人民法院、最高人民检察院、公安部、司法部印发《关于建立完善国家司法救助制度的意见（试行）》，指出，对下列人员提出国家司法救助申请的，应当予以救助：

（1）刑事案件被害人受到犯罪侵害，致使重伤或严重残疾，因案件无法侦破造成生活困难的；或者因加害人死亡或没有赔偿能力，无法经过诉讼获得赔偿，造成生活困难的。

（2）刑事案件被害人受到犯罪侵害危及生命，急需救治，无力承担医疗救治费用的。

（3）刑事案件被害人受到犯罪侵害而死亡，因案件无法侦破造成依靠其收入为主要生活来源的近亲属生活困难的；或者因加害人死亡或没有赔偿能力，依靠被害人收入为主要生活来源的近亲属无法经过诉讼获得赔偿，造成生活困难的。

（4）刑事案件被害人受到犯罪侵害，致使财产遭受重大损失，因案件无法侦破造成生活困难的；或者因加害人死亡或没有赔偿能力，无法经过诉讼获得赔偿，造成生活困难的。

(5) 举报人、证人、鉴定人因举报、作证、鉴定受到打击报复，致使人身受到伤害或财产受到重大损失，无法经过诉讼获得赔偿，造成生活困难的。

(6) 追索赡养费、扶养费、抚育费等，因被执行人没有履行能力，造成申请执行人生活困难的。

(7) 对于道路交通事故等民事侵权行为造成人身伤害，无法经过诉讼获得赔偿，造成生活困难的。

(8) 党委政法委和政法各单位根据实际情况，认为需要救助的其他人员。

涉法涉诉信访人，其诉求具有一定合理性，但通过法律途径难以解决，且生活困难，愿意接受国家司法救助后息诉息访的，可参照执行司法救助。

76. 信访事项办结后，地方党委和政府以及基层党组织和基层单位还应当做好哪些工作？

《信访工作条例》第三十七条第三款规定，地方党委和政府以及基层党组织和基层单位对信访事项已经复查复核和涉法涉诉信访事项已经依法终结的相关信访人，应当做好疏导教育、矛盾化解、帮扶救助等工作。

2014 年，中共中央办公厅、国务院办公厅印发的《关于依法处理涉法涉诉信访问题的意见》指出，对于涉法涉诉信访事项，严格落实依法按程序办理制度。各级政法机关对于已经进入法律程序处理的案件，应当依法按程序在法定时限内公正办结。对经复议、审理、复核，确属错案、瑕疵案的，依法纠正错误、补正瑕疵；属于国家赔偿范围的，依照《国家赔偿法》的有关规定办理。对经复议、审理、复核，未发现错误的，依法维持原裁决，并按照有关规定及时告知当事人。

该意见强调，建立涉法涉诉信访依法终结制度。中央政法机关按照《刑事诉讼法》《民事诉讼法》和相关法律法规，修改完善涉法涉诉信访终结办法。对涉法涉诉信访事项，已经穷尽法律程序的，依法作出的判决、裁定为终结决定。对在申诉时限内反复缠访缠诉，经过案件审查、评查等方式，并经中央或省级政法机关审核，认定其反映问题已经得到公正处理的，除有法律规定的情形外，依法不再启动复查程序。各级各有关部门不再统计、交办、通报，重点是做好对信访人的解释、疏导工作。

第五章 监督和追责

77. 如何对开展信访工作、落实信访工作责任的情况进行督查?

《信访工作条例》第三十八条规定，各级党委和政府应当对开展信访工作、落实信访工作责任的情况组织专项督查。信访工作联席会议及其办公室、党委和政府信访部门应当根据工作需要开展督查，就发现的问题向有关地方和部门进行反馈，重要问题向本级党委和政府报告。各级党委和政府督查部门应当将疑难复杂信访问题列入督查范围。

《信访工作责任制实施办法》第九条规定，各级党政机关应当将信访工作纳入督查范围，对本地区、本部门、本系统信访工作开展和责任落实情况，每年至少组织开展一次专项督查，并在适当范围内通报督查情况。

78. 如何对信访工作情况进行考核？

《信访工作条例》第三十九条规定，各级党委和政府应当以依规依法及时就地解决信访问题为导向，每年对信访工作情况进行考核。考核结果应当在适当范围内通报，并作为对领导班子和有关领导干部综合考核评价的重要参考。对在信访工作中作出突出成绩和贡献的机关、单位或者个人，可以按照有关规定给予表彰和奖励。对在信访工作中履职不力、存在严重问题的领导班子和领导干部，视情节轻重，由信访工作联席会议进行约谈、通报、挂牌督办，责令限期整改。

《信访工作责任制实施办法》第十条规定，各级党政机关应当以依法、及时、就地解决信访问题为导向，建立健全信访工作考核评价机制，制定科学合理的考核评价标准和指标体系，定期对本地区、本部门、本系统信访工作情况进行考核。考核结果作为对领导班子和领导干部综合考评的重要参考。各级组织人事部门在干部考察工作中，应当听取信访部门意见，了解掌握领导干部履行信访工作职责情况。国家信访局负责对各省、自治区、直辖市信访工作情况进行年度考核。对工作成效明显的省、自治区、直辖市予以通报表扬；对问题较多的省、自治区、直辖市，加强工作指导，督促解决存在的问题。

79. 党委和政府信访部门发现信访工作中有违规情况、政策性问题的，应当如何处理？

《信访工作条例》第四十条第一款至第三款规定，党委和政府信访部门发现有关机关、单位存在违反信访工作规定受理、办理信访事项，办理信访事项推诿、敷衍、拖延、弄虚作假或者拒不执行信访处理意见等情形的，应当及时督办，并提出改进工作的建议。对工作中发现的有关政策性问题，应当及时向本级党委和政府报告，并提出完善政策的建议。对在信访工作中推诿、敷衍、拖延、弄虚作假造成严重后果的机关、单位及其工作人员，应当向有管理权限的机关、单位提出追究责任的建议。

80. 对信访部门提出的建议，有关机关、单位应当如何答复？

《信访工作条例》第四十条第四款规定，对信访部门提出的改进工作、完善政策、追究责任的建议，有关机关、单位应当书面反馈采纳情况。

81. 如何编制信访情况年度报告？

《信访工作条例》第四十一条第一款规定，党委和政府信访部门应当编制信访情况年度报告，每年向本级党委和政府、上一级党委和政府信访部门报告。年度报告应当包括下列内容：（1）信访事项的数据统计、信访事项涉及领域以及被投诉较多的机关、单位；（2）党委和政府信访部门转送、交办、督办情况；（3）党委和政府信访部门提出改进工作、完善政策、追究责任建议以及被采纳情况；（4）其他应当报告的事项。

82. 党委和政府信访部门应当向巡视巡察机构提供哪些信访工作情况？

《信访工作条例》第四十一条第二款规定，根据巡视巡察工作需要，党委和政府信访部门应当向巡视巡察机构提供被巡视巡察地区、单位领导班子及其成员和下一级主要负责人有关信访举报，落实信访工作责任制，具有苗头性、倾向性的重要信访问题，需要巡视巡察工作关注的重要信访事项等情况。

83. 对于导致信访事项发生，造成严重后果的情形，应当如何处理？

《信访工作条例》第四十二条规定，因下

列情形之一导致信访事项发生，造成严重后果的，对直接负责的主管人员和其他直接责任人员，依规依纪依法严肃处理；构成犯罪的，依法追究刑事责任：（1）超越或者滥用职权，侵害公民、法人或者其他组织合法权益；（2）应当作为而不作为，侵害公民、法人或者其他组织合法权益；（3）适用法律、法规错误或者违反法定程序，侵害公民、法人或者其他组织合法权益；（4）拒不执行有权处理机关、单位作出的支持信访请求意见。

84. 各级党委和政府信访部门对收到的信访事项未依法依规办理的，应当如何处理？

《信访工作条例》第四十三条规定，各级党委和政府信访部门对收到的信访事项应当登记、转送、交办而未按照规定登记、转送、交办，或者应当履行督办职责而未履行的，由其上级机关责令改正；造成严重后果的，对直接负责的主管人员和其他直接责任人员依规依纪依法严肃处理。

85. 负有受理信访事项职责的机关、单位程序违规的，应当如何处理？

《信访工作条例》第四十四条规定，负有受理信访事项职责的机关、单位有下列情形之一的，由其上级机关、单位责令改正；造成严重后果的，对直接负责的主管人员和其他直接责任人员依规依纪依法严肃处理：（1）对收到的信访事项不按照规定登记；（2）对属于其职权范围的信访事项不予受理；（3）未在规定期限内书面告知信访人是否受理信访事项。

86. 有权处理信访事项的机关、单位不履行或不正确履行职责的，应当如何处理？

《信访工作条例》第四十五条规定，对信访事项有权处理的机关、单位有下列情形之一的，由其上级机关、单位责令改正；造成严重后果的，对直接负责的主管人员和其他直接责任人员依规依纪依法严肃处理：(1) 推诿、敷衍、拖延信访事项办理或者未在规定期限内办结信访事项；(2) 对事实清楚，符合法律、法规、规章或者其他有关规定的投诉请求未予支持；(3) 对党委和政府信访部门提出的改进工作、完善政策等建议重视不够、落实不力，导致问题长期得不到解决；(4) 其他不履行或者不正确履行信访事项处理职责的情形。

87. 有关机关、单位及其领导干部、工作人员有违规违纪违法行为的，应当如何处理？

《信访工作条例》第四十六条规定，有关机关、单位及其领导干部、工作人员有下列情形之一的，由其上级机关、单位责令改正；造成严重后果的，对直接负责的主管人员和其他直接责任人员依规依纪依法严肃处理；构成犯罪的，依法追究刑事责任：（1）对待信访人态度恶劣、作风粗暴，损害党群干群关系；（2）在处理信访事项过程中吃拿卡要、谋取私利；（3）对规模性集体访、负面舆情等处置不力，导致事态扩大；（4）对可能造成社会影响的重大、紧急信访事项和信访信息隐瞒、谎报、缓报，或者未依法及时采取必要措施；（5）将信访人的检举、揭发材料或者有关情况透露、转给被检举、揭发的人员或者单位；（6）打击报复信访人；（7）其他违规违纪违法的情形。

88. 落实信访工作责任制应当坚持怎样的指导思想和工作原则？

根据《信访工作责任制实施办法》第三条的规定，落实信访工作责任制，以邓小平理论、“三个代表”重要思想、科学发展观为指导，深入贯彻习近平总书记系列重要讲话精神，按照“属地管理、分级负责，谁主管、谁负责，依法、及时、就地解决问题与疏导教育相结合”的工作原则，综合运用督查、考核、惩戒等措施，依法规范各级党政机关履行信访工作职责，把信访突出问题处理好，把群众合理合法利益诉求解决好，确保中央关于信访工作决策部署贯彻落实。

89. 信访工作责任内容有哪些？

根据《信访工作责任制实施办法》第四条至第八条的规定，各级党政机关的信访工作责任内容有以下几点：

（1）各级党政机关应当将信访工作列入议事日程，定期听取工作汇报、分析信访形势、研究解决工作中的重要问题，从人力物力财力上保证信访工作顺利开展；应当科学、民主决策，依法履行职责，从源头上预防和减少导致信访问题的矛盾和纠纷。党政机关领导班子主要负责人对本地区、本部门、本系统的信访工作负总责，其他成员根据工作分工，对职权范围内的信访工作负主要领导责任。各级领导干部应当阅批群众来信和网上信访，定期接待群众来访，协调处理疑难复杂信访问题。

（2）各级党政机关工作部门对属于本部门职权范围内的信访事项，应当依照有关法律法规规定和程序，及时妥善处理。垂直管理部门负责本系统的信访工作，应当督促下级部门和单位依法、及时、就地解决信访问题。

（3）地方各级党委和政府在预防和处理本地区信访问题中负有主体责任，应当加强矛盾纠纷排查化解和信访风险防控预警，针对具体问题明确责任归属，协调督促有关责任部门和单位依法、及时、就地解决，并加强对信访群众的疏导教育。

（4）各级信访部门应当在党委和政府的统一领导下，协调、指导和监督本地区的信访工作，依照法定程序和诉讼与信访分离制度受理、交办、转送和督办信访事项，协调处理重要信访问题，分析研究信访情况，提出改进工作、完善政策和给予处分的建议。

（5）各级党政机关工作人员在处理信访事项过程中，应当遵守群众纪律，秉公办事、清正廉洁、保守秘密、热情周到。

90. 不履行或者未能正确履行信访工作责任内容，在哪些情形下，应当追究责任？

根据《信访工作责任制实施办法》第十一条的规定，各级党政机关及其领导干部、工作人员不履行或者未能正确履行本办法所列责任内容，有下列情形之一的，应当追究责任：

（1）因决策失误、工作失职，损害群众利益，导致信访问题产生，造成严重后果的；

（2）未按照规定受理、交办、转送和督办信访事项，或者不执行信访事项处理意见，严重损害信访群众合法权益的；

（3）违反群众纪律，对应当解决的群众合理合法诉求消极应付、推诿扯皮，或者对待信访群众态度恶劣、简单粗暴，损害党群干群关系，造成严重后果的；

（4）对发生的集体访或者信访负面舆情处置不力，导致事态扩大，造成不良影响的；

（5）对信访部门提出的改进工作、完善政策和给予处分等建议重视不够、落实不力，导致问题长期得不到解决的；

（6）其他应当追究责任的失职失责情形。

对前述规定中涉及的集体责任，领导班子主要负责人和直接主管的负责人承担主要领导责任，参与决策和工作的班子其他成员承担重要领导责任，对错误决策或者行为提出明确反对意见而没有被采纳的，不承担领导责任；涉及的个人责任，具体负责的工作人员承担直接责任，领导班子主要负责人和直接主管的负责人承担领导责任。

91. 不履行或者未能正确履行信访工作责任内容的，如何进行责任追究？

根据《信访工作责任制实施办法》第十二条、第十三条的规定，根据情节轻重，对各级党政机关领导干部、工作人员的责任追究采取通报、诫勉、组织调整或者组织处理、纪律处分的方式进行。上述追责方式，可以单独使用，也可以合并使用。涉嫌违法犯罪的，按照国家有关法律规定处理。

具有《信访工作责任制实施办法》第十一条规定的情形，情节较轻的，由有管理权限的党政机关对相关责任人进行通报，限期整改。

92. 不履行或者未能正确履行信访工作责任内容，通报后仍未整改的，如何处理？

根据《信访工作责任制实施办法》第十四条的规定，对受到通报后仍未按期完成整改目标，或者具有本办法第十一条所列情形且危害严重以及影响重大的，由有管理权限的党政机关对相关责任人进行诫勉，督促限期整改。同时，取消该地区、部门和单位本年度评选综合性荣誉称号的资格。

93. 不履行或者未能正确履行信访工作责任内容，诫勉后仍未整改的，如何处理？

根据《信访工作责任制实施办法》第十五条的规定，对受到诫勉后仍未按期完成整改目标，或者有本办法第十一条所列情形且危害特别严重以及影响特别重大的，由有管理权限的党政机关对相关责任人采取停职检查、调整职务、责令辞职、降职、免职等组织调整或者组织处理措施。

94. 对信访工作中失职失责的相关责任人应当如何处理？

根据《信访工作责任制实施办法》第十六条的规定，对在信访工作中失职失责的相关责任人，应当给予党纪政纪处分的，依纪依法追究责任。

95. 信访人有违规违法行为的，应当如何处理？

《信访工作条例》第二十条规定，信访人采用走访形式提出信访事项的，应当到有权处理的本级或者上一级机关、单位设立或者指定的接待场所提出。信访人采用走访形式提出涉及诉讼权利救济的信访事项，应当按照法律法规规定的程序向有关政法部门提出。多人采用走访形式提出共同的信访事项的，应当推选代表，代表人数不得超过5人。

第二十六条规定，信访人在信访过程中应当遵守法律、法规，不得损害国家、社会、集体的利益和其他公民的合法权利，自觉维护社会公共秩序和信访秩序，不得有下列行为：（1）在机关、单位办公场所周围、公共场所非法聚集，围堵、冲击机关、单位，拦截公务车辆，或者堵塞、阻断交通；（2）携带危险物品、管制器具；（3）侮辱、殴打、威胁机关、单位工作人员，非法限制他人人身自由，或者毁坏财物；（4）在信访接待场所滞留、滋事，或者将生活不能自理的人弃留在信访接待场所；（5）煽动、串联、胁迫、以财物诱使、幕后操纵他人信访，或者以信访为名借机敛财；（6）其他扰乱公共秩序、妨害国家和公共安全的行为。

《信访工作条例》第四十七条规定，信访人违反本条例第二十条、第二十六条规定的，有关机关、单位工作人员应当对其进行劝阻、批评或者教育。

信访人滋事扰序、缠访闹访情节严重，构成违反治安管理行为的，或者违反集会游行示威相关法律法规的，由公安机关依法采取必要的现场处置措施、给予治安管理处罚；构成犯罪的，依法追究刑事责任。

信访人捏造歪曲事实、诬告陷害他人，构成违反治安管理行为的，依法给予治安管理处罚；构成犯罪的，依法追究刑事责任。

96. 信访人滋事扰序，缠访闹访，违法集会、游行、示威的，有什么法律后果？

信访人滋事扰序，缠访闹访，违法集会、游行、示威，扰乱公共秩序，妨害公共安全，侵犯人身权利、财产权利，妨害社会管理，具有社会危害性的，违反《治安管理处罚法》《集会游行示威法》的规定，将被处以警告、罚款、行政拘留等处罚。情节严重的，可能触犯《刑法》，构成聚众扰乱社会秩序罪，聚众扰乱公共场所秩序、交通秩序罪，寻衅滋事罪等。

97. 信访人捏造歪曲事实、诬告陷害他人的，有什么法律后果？

信访人捏造歪曲事实、诬告陷害他人，企图使他人受到刑事追究或者受到治安管理处罚的，违反了《治安管理处罚法》的规定，将被处五日以下拘留或者五百元以下罚款；情节较重的，处五日以上十日以下拘留，可以并处五百元以下罚款。根据《刑法》第二百四十三条的规定，捏造事实诬告陷害他人，意图使他人受刑事追究，情节严重的，构成诬告陷害罪，处三年以下有期徒刑、拘役或者管制；造成严重后果的，处三年以上十年以下有期徒刑。

第六章　附　则

98. 对外国人、无国籍人、外国组织的信访事项，应当如何处理？

《信访工作条例》第四十八条规定，对外国人、无国籍人、外国组织信访事项的处理，参照本条例执行。

99. 什么机构有权解释《信访工作条例》？

《信访工作条例》第四十九条规定，本条例由国家信访局负责解释。

100. 《信访工作条例》从何时开始施行？

《信访工作条例》第五十条规定，本条例自 2022 年 5 月 1 日起施行。

图书在版编目（CIP）数据

信访工作条例学习百问百答 / 中国法制出版社编
. —北京：中国法制出版社，2022. 4
ISBN 978-7-5216-2538-7

Ⅰ. ①信… Ⅱ. ①中… Ⅲ. ①信访工作-条例-中国
-问题解答 Ⅳ. ①D922. 182. 5

中国版本图书馆 CIP 数据核字（2022）第 029967 号

责任编辑 秦智贤　　封面设计 杨鑫宇

信访工作条例学习百问百答
XINFANG GONGZUO TIAOLI XUEXI BAIWEN BAIDA

经销/新华书店
印刷/保定市中画美凯印刷有限公司
开本/880 毫米×1230 毫米 64 开　　印张/1. 5 字数/ 28 千
版次/2022 年 4 月第 1 版　　2022 年 4 月第 2 次印刷

中国法制出版社出版
书号 ISBN 978-7-5216-2538-7　　定价：8. 00 元

北京市西城区西便门西里甲 16 号西便门办公区
邮政编码：100053　　传真：010-63141600
网址：http：//www. zgfzs. com　　编辑部电话：010-63141798
市场营销部电话：010-63141612　　印务部电话：010-63141606

（如有印装质量问题，请与本社印务部联系。）

ISBN 978-7-5216-2538-7

9 787521 625387 >

定价：8.00元